So genießt Südtirol

Heinrich Gasteiger
Gerhard Wieser
Helmut Bachmann

33X Speck

VERLAGSANSTALT ATHESIA | BOZEN

LIEBE LESERIN, LIEBER LESER!

Wir freuen uns, dass Sie sich für ein Buch der »So genießt Südtirol«-Kochbuchreihe entschieden haben. Um in Zukunft noch besser auf Ihre Wünsche eingehen zu können, ist uns Ihre Meinung wichtig. Bitte senden Sie uns Ihre Anregungen, Ihre Kritik, Ihr Lob und auch Ihre Fragen zu unseren Büchern. Wir freuen uns auf Ihre Nachricht!

Fax +39 0471 976854 · info@so-kocht-suedtirol.it · www.so-kocht-suedtirol.it

BIBLIOGRAFISCHE INFORMATION DER DEUTSCHEN NATIONALBIBLIOTHEK

Die Deutsche Nationalbibliothek verzeichnet diese Publikation in der Deutschen Nationalbibliografie; detaillierte bibliografische Daten sind im Internet abrufbar: http://dnb.d-nb.de

UMSCHLAGBILDER

Titelbild: Südtiroler Speck · Rückseite: Gemüsesticks mit Speck und Nudelteigtaschen mit Speck und Brokkoli

BILDNACHWEIS

Helmut Bachmann: Seite 10
Udo Bernhart: Seite 11 (4)
Daniela Kofler: Seite 6, 11 (1–3), 13 r, 80 r
EOS/Frieder Blickle: Seite 9
Näckler-Schüttelbrot: Seite 12 o
Josef Pertner: Seite 13 l
Günther Pichler: Titelbild
Simone Zöggeler, www.dariz.com: Seite 3
Alle übrigen Aufnahmen stammen von Günther Pichler, Eggen, www.gpichler.com

IMPRESSUM

Mai 2010

Lektorat Wissenswertes: Klaus Innerhofer und Helga Taschler
Korrektorat: Kathrin Kötz
Umschlaggestaltung: ganeshGraphics, Lana
Design und Satz: Athesiaverlag, Ulrike Teutsch
Druck: Athesiadruck, Bozen

ISBN 978-88-8266-643-9

www.athesiabuch.it
buchverlag@athesia.it

Ein Gruß aus der Genießerküche

Speck in der Südtiroler Küche

Der Speck hat als begehrte Delikatesse längst die Grenzen seines Ursprungslandes Tirol überschritten und ist bis heute als deftige Brotzeit, in Südtirol »Marende« genannt, oder als Bestandteil der »kalten Platte« bekannt.
Wie sehr er jedoch jede Art von Küche durch seinen feinen Rauchgeschmack und verschiedene Zubereitungsmöglichkeiten aufwerten kann, möchte dieses Buch allen Speckliebhabern zeigen. Es bietet eine Sammlung von Rezepten, in denen der Speck die Haupt- oder Nebenrolle spielt. Neben altbekannten und ländlich einfachen Rezepten stellt dieses Kochbuch auch einige neue Kreationen vor. Die Zubereitung stellt keine allzu großen Anforderungen an die Fähigkeiten der Hobbyköchin oder des Hobbykochs zu Hause. Auch die dazu erforderlichen Zutaten sind in jedem Geschäft erhältlich.
Vom Antipasto und Imbiss über die kalte Vorspeise und die Suppe bis zum Hauptgericht und zu den Beilagen findet der Speck eine reichhaltige Verwendung und kann seine wunderbaren Aromen entfalten.

Kreieren Sie selbst einfache Köstlichkeiten und überraschen Sie Ihre Gäste mit immer neuen Ideen und geschmacklich raffinierten Kompositionen. Der Fantasie in der Verwendung von Speck sind keine Grenzen gesetzt.
Genießen Sie die Vielfalt! Dieses Kochbuch bietet Ihnen köstliche Anregungen.

Ihre Autoren

Helmut Bachmann | Gerhard Wieser | Heinrich Gasteiger

Inhalt

Südtiroler Köstlichkeiten

Alpin und **mediterran, traditionell** und **modern.** Diese Symbiose aus Gegensätzen zieht sich durch alle Bereiche Südtirols und charakterisiert Land, Leute und Lebensgefühl. Südtirols Bauern kombinieren zur Konservierung ihrer Delikatesse Speck das Räuchern mit dem Salzen und kreieren so einen Rohschinken, der das **Mediterrane** mit dem **Alpinen** verbindet. So wird der Südtiroler Speck zu einer Komposition, wie sie für die gesamte Region typisch ist.

Die Südtiroler Küche präsentiert sich als Symbiose aus bodenständiger, ursprünglicher Kochkunst und der leichten Küche Italiens. Doch Südtirol wird nicht nur geschätzt wegen seiner Küche, sondern auch wegen der exquisiten Weine der Region.

Südtiroler Marende

In Bayern kennt man die **Brotzeit** und im gesamten deutschsprachigen Raum die **Jause,** die auf die Uhrzeit für diese meist kleine Mahlzeit verweisen. Lassen Sie die **Marende** hochleben und servieren Sie auf einem schönen Holzbrett Südtiroler Köstlichkeiten wie Speck, Kaminwurzen, Almkäse, Rettich, Kren, Radieschen oder auch geräucherte Forelle. Dazu gibt es Südtiroler Brot, Butter und einen Südtiroler Wein.

Zeit für eine Jause

Die echte Südtiroler Marende wird in Hütten, Gasthäusern oder beim Törggelen serviert. Heute ist die Marende an keine Tageszeit gebunden. Nach einer Wanderung,

Die alte »Rauchkuchl 1840« vom Hof »Obergschöra« in St. Nikolaus in Ulten gibt Einblick in die Lebensgewohnheiten von anno dazumal.

als spätes Frühstück am Vormittag, als kulinarische Begleitung im Gastgarten: Die Südtiroler Marende darf den ganzen Tag über genossen werden.

Geschichte und Tradition

Mit dem Begriff »Südtirol« assoziieren Gäste nicht nur die bezaubernde, von jahrtausendealter Kultur geprägte Landschaft, sondern auch die typisch bäuerliche Küche. Unter den Köstlichkeiten des Landes steht der Speck an erster Stelle.
Es wird wohl die Entdeckung unserer Vorfahren in prähistorischer Zeit gewesen sein, dass frisches Fleisch erlegter Tiere im Rauch der Feuerstelle vor dem allzu schnellen Verderben bewahrt werden kann. **Salzen und Räuchern** gehören damit zu den ältesten Konservierungsmethoden für Fleisch.

Speck einst und heute

Speck war in früheren Zeiten eine der wenigen Möglichkeiten, Fleisch über einen längeren Zeitraum zu konservieren. Harte Handarbeit war bis nach dem Zweiten Weltkrieg weit verbreitet, da war vor allem fetter Speck als Energielieferant sehr gefragt. Heute ist schwere körperliche Arbeit selten. Dadurch haben sich Speck und Selchfleisch vom Energiespender hin zum wohlschmeckenden Genussmittel entwickelt. Unverändert bleibt jedoch sein Stellenwert als Zutat und Beigabe zu vielen verschiedenen Gerichten.

Würzen, Pökeln und Beizen des Fleisches

Äußerst vielfältig und regional sehr verschieden ist die verwendete Gewürzpalette. **Wacholder, Knoblauch, Pfeffer, Lorbeer, Majoran, Neugewürz ...** in den meisten Fällen kommen zwei bis drei Grundgewürze zum Einsatz. Verfeinert und abgerundet wird dann fallweise auch mit Schnaps oder Wein und verschiedenen anderen Gewürzen.

Hinweis

Gerade bei den Gewürzzusammenstellungen gibt es viele überlieferte Rezepte. Diese sollten unbedingt beachtet und beibehalten werden, denn dadurch entsteht die Geschmacksvielfalt, die der Konsument so schätzt.

Die »Marende« mit Speck, Kaminwurzen, Käse, Schüttelbrot, Paarlbrot, Radieschen und Wein ist eine typische Südtiroler Zwischenmahlzeit.

Holz zum Räuchern

Buchenholz (harzarmes Holz) und Wacholderzweige

Speck lagern

Der Speck braucht es dunkel, kühl, trocken und luftig. Steht kein solcher Aufbewahrungsraum zur Verfügung, so kann der Kühlschrank als Ersatz dienen. Die einzelnen Speckstücke werden in luftdurch-

NATURPRODUKT SPECK

- Zu einer besonders raschen und weiten **Verbreitung der Speckherstellung** kam es hauptsächlich während des Dreißigjährigen Krieges. Die Bauern hängten ihr Fleisch in den Kamin, um es so vor den kriegerischen Raubzüglern und Plünderern zu verstecken.
- Früher war die **Lagerung** des Fleisches von im Winter geschlachteten Schweinen für die Bauern ein Problem.
- Durch **Einpökeln** (Salzen), **Räuchern** und **Lufttrocknen** gelang es, das Fleisch für längere Zeit haltbar zu machen. Bis heute hat sich diese Art der Konservierung bewährt.
- Der echte Südtiroler Speck ist ein **natürliches Produkt,** unverfälscht und von hohem Nährwert. Richtig gelagert, ausgewogen in seinen Fett- und Magerteilen, weiß und rot, ist er das Aushängeschild der Südtiroler Gastronomie. Und wer weiß, vielleicht hat auch die Fahne des Landes Südtirol nicht zufällig dieselben Farben: weiß und rot.
- Einst die tägliche Fleischspeise auf dem bäuerlichen Tisch, hat sich der Speck aus Südtirol längst zu einer weitum gesuchten **Delikatesse** gewandelt.

WIE KANN MAN SÜDTIROLER SPECK TEILEN?

Die ganze Hamme

in zwei Hälften teilen,

diese dann vierteln,

nach Belieben schneiden.

[1] Karreespeck
[2] Schlegelspeck
[3] Bauchspeck

Der lange haltbare Speck war schon Jahrhunderte vor der Erfindung der Kühltechnik ein Südtiroler Grundnahrungsmittel.

lässigem Backpapier (unbeschichtet und nicht imprägniert) eingewickelt. Sie können so ohne Beeinträchtigung des übrigen Kühlschrankinhaltes aufbewahrt werden.

HINWEIS

Schimmelbildung an den Speckstücken macht bei der Aufbewahrung häufig Ärger. Trockener Schimmel kann jedoch immer wieder bedenkenlos mit warmem Wasser abgebürstet werden. Häufiger und starker Schimmelbefall deutet eher auf mäßige Fleischqualität oder zu geringe Abtrocknung hin.

Speck schneiden

Wie wird Speck am besten aufgeschnitten?

Im Restaurant wird Speck gern in Form von hauchdünnen Scheiben serviert, wie sie nur eine Aufschnittmaschine produzieren kann. Anhänger der klassischen Küche und all die, die keine Aufschnittmaschine zur Hand haben, setzen auf das traditionelle Verfahren. Dabei wird der Speck mit einem scharfen Küchenmesser in längliche Streifen geschnitten.

Südtiroler Speck kann man auf vielerlei Art und Weise genießen

Damit Speck atmen und seinen Geschmack optimal entfalten kann, sollte er rund eine Stunde vor dem Genießen von der Plastik-

Speck, mit der Maschine hauchdünn aufgeschnitten, ist eine Delikatesse für alle Speckliebhaber.

folie (Vakuum) befreit werden. Wenn Sie am Rand mit dem Aufschneiden beginnen, vermeiden Sie das Austrocknen des Specks.

- Unter seinen Anhängern gibt es jene, die ihn in hauchdünnen, mit der Aufschnittmaschine geschnittenen Scheiben bevorzugen.
- Andere hingegen bevorzugen den von Hand geschnittenen Speck. Liebhaber eines milden Geschmacks beseitigen die Gewürzkruste. Wer sie dranlässt, genießt den Speck auf die traditionelle, etwas würzigere Art und Weise.
- Schneiden Sie den Speck in zwei bis drei Millimeter dünne Scheiben.

Darüber hinaus stellt sich die Frage des Anschneidens. Auch hier gibt es verschiedene Variationen:

- in Stücke
- in Würfel
- in Stifte
- in mehr oder weniger lange Streifen

GESUNDHEITLICHE ASPEKTE

Worauf ist beim Speckessen zu achten?

Speck ist ein Nahrungsmittel tierischer Herkunft und hat somit alle Vorzüge und Nachteile tierischer Lebensmittel.
Der sachgemäße Räuchervorgang beeinflusst das Fleisch gesundheitlich nicht negativ. Die Kalträucherung ergibt eine geringe Menge an Rauchinhaltsstoffen am und im Fleisch.
Wollen Sie ganz vorsichtig sein, so können Sie vor allem stark Geräuchertes warm abwaschen oder das Äußere hauchdünn abschneiden, denn hier befindet sich der Großteil der Rauchinhaltsstoffe, welche stark konzentriert und in großen Mengen ungünstig wären.

Speck – die traditionelle Herstellung

Fleischteile: Der Südtiroler Speck wird ausschließlich aus magerem Schweinefleisch wie Schlegel (Keule) und Bauch hergestellt.

Nur Speckhammen, welche die Kontrollen bestanden haben, werden mit der Südtirol-Schutzmarke gekennzeichnet.

»Grüner Trägersteg«, offizielles Logo des Südtiroler Markenspecks – seit 1998 als g.g.A. geschützt

Ausbeinen: Der Schlegel wird entbeint und nach traditionellen Verfahren ohne Kaiserteil (Oberschale) zugeschnitten.

Einbrennen des Stempels: Auf der Schwarte der Hamme (Schlegel) wird das Datum des Produktionsbeginns eingebrannt, was sowohl die Rückverfolgbarkeit des Produktes ermöglicht als auch die Überprüfung der Reifezeit.

Salzen: Die Hammen werden eingesalzen und drei Wochen lang in kühlen Räumen gepökelt. Dabei werden die Hammen mehrmals gewendet, um eine gleichmäßige Pökelung zu garantieren. Die Geheimnisse des Einsalzens und des Würzens sind geprägt von handwerklichen Traditionen. Die individuelle Gewürzmischung bestehend aus **Salz, Pfeffer, Lorbeer, Wacholder** ... ist jenes Element des Produktionsverfahrens, mit dem jeder einzelne Hersteller »seinem« Speck eine spezielle Note geben kann.

Räucherung: Ausgesprochen wichtig sind Räucherung und Abtrocknung. Für das leichte Räuchern wird ausgewähltes harzarmes Holz verwendet, damit der Speck seinen unvergleichlich milden Geschmack bekommt. Die Temperatur des Rauchs darf dabei 20 Grad nicht übersteigen.

HINWEIS

Damit der Rauch in die Poren eindringen kann und diese sich nicht schließen, darf der Rauch **nicht zu intensiv und heiß** sein.

Reifung: Nun beginnt eine weitere entscheidende Phase, die Reifung. Diese beträgt, abhängig vom Endgewicht der Hamme, im Durchschnitt 22 Wochen. Die Reifung der Hammen erfolgt dabei in der frischen Luft der Südtiroler Bergtäler, in gut belüfteten Räumen, bei einer Temperatur von höchstens **15 Grad Celsius und einer relativen Luftfeuchtigkeit von 60 bis 90 Prozent!** Hierbei verliert der Speck ca. 40 Prozent an Gewicht.

In Südtiroler Küchen gibt es Knödel in allen Formen und Größen. Sehr beliebt sind Speckknödel, ein Südtiroler »Nationalgericht«.

BAUCHSPECK

Der Bauchspeck ist ein **gut durchwachsener, eher fetter Speck,** geräuchert und gewürzt wie der übliche Speck. Er eignet sich besonders, um sehr aromatische Speckknödel zuzubereiten und auch für den delikaten Speckkrautsalat.

Feiner Geschmack – gesunder Schimmel

Genau in dieser Zeit findet auch ein Prozess statt, der von grundlegender Bedeutung für den Geschmack des Specks ist. Auf der Oberfläche bildet sich eine feine Schimmelschicht, bestehend aus verschiedenen Arten von Schimmelpilzen, wie sie auch von der Herstellung edler Käsesorten bekannt sind. Diese Schimmelschicht bildet eine Art natürliche Barriere, welche die Entstehung eines Trockenrandes und eine gleichmäßige Reifung des Schinkens im Inneren garantiert und die starken Geschmacksnoten der Räucherung und der Gewürze abrundet.

Zurück zum Ursprung

Der **Südtiroler Speck g.g.A.** (geschützte geografische Angabe) hat seinen Siegeszug von Südtirol aus in die Welt unternommen. Wie in der Spezifikation für Südtiroler Speck g.g.A. festgeschrieben, wird für dieses mittlerweile internationale Produkt das unbearbeitete Fleisch aus EU-Ländern importiert. In Südtirol gibt es allerdings noch einige Metzger bzw. Bauern, die Schweine halten und Speck selbst herstellen. Nach alter Tradition wird bei diesem Speck nicht nur der Schlegel verwendet, sondern die ganze Seite, das **Mezet:** Schlegel (Hamme oder Keule), Bauch, Karree, Schulter und Schopf.

Das Fleisch wird trocken gepökelt und gewürzt, anschließend kalt geräuchert. Je nach Gewicht, Dicke und Teilstück reift der Speck dann sechs bis acht Monate, ehe er in den Verkauf kommt. Das Ergebnis dieser

VIELFÄLTIGE VERWENDUNGSMÖGLICHKEITEN VON SPECK

Spargel mit Speck

Bandnudeln mit Speck

Carpaccio vom Südtiroler Speck mit Steinpilzen

Südtiroler Bauernspeck, von Hand geschnitten

traditionellen Herstellungsmethode ist ein kerniger, fester Speck mit mildem, buttrig-nussigem Geschmack.

Speck international

Fleisch durch Beizen und Räuchern (auch Dörren) zu konservieren, ist seit langer Zeit und auf der ganzen Erde gebräuchlich. Heute allerdings geht es nicht mehr darum, das Fleisch von Schwein, Rind, Wild und Lamm haltbar zu machen. Speck oder Schinken werden als Bestandteil einer deftigen Brotzeit, »kalter Platten« und als würzige Zutat zu vielerlei Speisen in der Küche geschätzt.
Südtiroler Speck, Steirisches Gselchtes, Graubündner und **Walliser Trockenfleisch, Parmaschinken** oder **Schwarzwälder Schinken** stehen für typische und traditionelle Produktionsweisen der jeweiligen Region und bieten dem Feinschmecker charakteristischen Genuss.

HINWEIS

Für die Herstellung des **Parmaschinkens** ist zum Beispiel der hohe Salzgehalt der Meeresluft der ausschlaggebende Moment für das Aroma und den Geschmack.

Bauernbrot und Speck

Brot war und ist seit jeher eines der Grundnahrungsmittel, das notwendigste, das Menschen brauchen. Brot ist das Symbol für alle Nahrung.
Bei unseren Bergbauern, die oft in unvorstellbarer Abgeschiedenheit ein karges Dasein führen mussten, spielte neben den wenigen Produkten, die Feld und Hof hergaben, das hausgemachte Brot eine wichtige Rolle. Man brachte dem Brot Ehrfurcht und Dankbarkeit entgegen. Nur so kann man sich die Vielzahl bekannter Südtiroler Sauerteig- und Vollkornbrote erklären.

Schüttelbrot

Haltbarkeit war früher ein wesentlicher Faktor für die Lebensmittelversorgung am Bergbauernhof. Und haltbar musste auch das Brot sein, denn gebacken wurde nur **ein- oder zweimal im Jahr.** Kein Wunder, dass getrocknete Fladenbrote wie das Schüttelbrot entstanden,

SCHÜTTELBROTHERSTELLUNG

Der Teig wird auf einem mit Mehl bestreuten Brett geschüttelt, bis er dünn ist. Schüttelbrot ist der perfekte Begleiter zu Speck und Käse und eignet sich ideal als Vorratsbrot.

welches auch heute noch zu den weitum bekannten und beliebten Klassikern zählt. Das Schüttelbrot verdankt seinen Namen der ungewöhnlichen Herstellung. Es ist ein runder, dünner, trockener Fladen mit einem Durchmesser von etwa 10–20 cm, der in Handarbeit flach geschüttelt und anschließend gebacken wird. Eigentlich besteht Schüttelbrot nur aus einer Kruste, die meist hart ist. Dabei kommt es auf das Mehl an: Je dunkler es ist, desto härter wird das Brot. Schüttelbrot ist der perfekte Begleiter zu Speck, Käse und ideal als Vorrat.

HERSTELLUNG

Schüttelbrot wird **vorwiegend aus Roggen-, Weizen-** und eventuell **Dinkelmehl** hergestellt.
Der Bäcker mischt sich sein Mehl selbst und bereitet den Brotteig mit Sauerteig, Salz, Malz und Germ (Hefe) zu.
Geschmacksverfeinerungen gibt es mit **Fenchelkörner, Kümmel, Brotklee** und neuerdings auch mit **Knoblauch, Zwiebeln und Peperoncino.**
Auch als **Mini-Schüttelbrot** hat es sich zum beliebten Knabbergebäck entwickelt.

Vinschger Paarlbrot

Das ursprüngliche »Vinschgerle« besteht eigentlich aus zwei kleinen zusammengefügten Laiben. Das Doppelvinschgerle zeichnet sich durch seine buckelige oder auch gerissene Oberfläche aus. Darunter verbirgt sich eine lockere, eher großporige Krume.

HERSTELLUNG

Hergestellt wird das Vinschger Paarl aus einem **Roggen-Weizen-Sauerteig.** Je mehr Roggen enthalten ist, desto flacher wird das Brot. Während früher nur mit Salz gewürzt wurde, verleihen inzwischen **Brotklee, Kümmel** und **Fenchelsamen** dem Brot den besonderen Geschmack.

[1] Urpaarl, [2] Bauernpaarl und [3] Minipaarl. Paarl steht für paarweis und präsentiert sich immer doppelt.

Pusterer Breatl

Das Pusterer Breatl wird seit ewigen Zeiten im Pustertal gebacken. So erzählen es jedenfalls die Einheimischen, und auch die Zusammensetzung des dunklen Teiges (fast ²/₃ Roggen- und ¹/₃ Weizenmehl) ist heute dieselbe wie früher.
Der runde, relativ flache Laib zeichnet sich durch seine glatte oder gerissene, manchmal leicht bemehlte Oberfläche aus.

Frischgebackenes Pusterer Breatl mit Almbutter schmeckt außergewöhnlich gut.

HERSTELLUNG

Pusterer Breatl wird aus einem Roggen-Weizen-Sauerteig zubereitet.
Die Krume ist kompakt und ziemlich kleinporig.
Das Breatl wird vor allem wegen seines herzhaften Geschmacks geschätzt. Diesen erreicht man durch die Zugabe von Salz, Kümmel, Fenchelsamen, Koriander und Brotklee. Brotklee ist in der Umgangssprache auch als Zigeunerkraut bekannt.

Lagertipps

Brot wurde in Südtirol immer getrocknet. Dafür verwendete man die sogenannte »Brotrume«, einen Holzrahmen, in dem alle Brotlaibe getrennt aufbewahrt wurden. Nach wie vor ein guter Platz zum Aufbewahren sind Brotkästen oder Brottöpfe. Man muss jedoch unbedingt auf peinliche Sauberkeit achten. Reinigen Sie den Brotkasten mit Essigwasser und reiben Sie ihn trocken.
ACHTUNG: Ist Brot angeschimmelt, muss es auf jeden Fall weggeworfen werden. Schimmel ist gesundheitsschädlich. Das Wegschneiden des verschimmelten Teiles hilft nicht, da sich Pilzsporen bereits unsichtbar im ganzen Brot verteilt haben.

Käse und Speck

Das heimische Käseangebot hat besonders von der Qualitätsoffensive der Käseproduzenten in den vergangenen zehn Jahren profitiert. Käse ist mehr als Brotbelag. Er hat viele Gesichter: Snack für Zwischendurch, kalt, warm, Suppe, Salat, als Hauptspeise, Überbacken, als Fondue,

Verschiedene Käse aus Kuh-, Ziegen- oder Schafsmilch

Typisch für Südtirol: [1] Graukäse, [2] Bergkäse und [3] Stilfser Käse

als krönender Abschluss zum Dessert und selbstverständlich als Begleiter zum Speck.

Stilfser Käse: Der Stilfser Käse **g.U. (geschützte Ursprungsbezeichnung)** ist ein typischer Südtiroler Kuhmilchkäse aus naturbelassener Milch von Bergbauernhöfen. Seine gelb-orange Rinde, der gelblich-weiße Teig und die unregelmäßige, erbsengroße Lochung machen ihn unverkennbar. Die Konsistenz ist geschmeidig und leicht schmelzend.

Südtiroler Bergkäse: Es handelt sich um einen milden, leicht pikanten Schnittkäse aus Kuhmilch mit großer Lochung, dessen Reifezeit mindestens zehn Wochen beträgt.

Südtiroler Graukäse war früher ein Arme-Leute-Essen. Er gehört zur Familie der Sauermilchkäse, welche durch Sauermilchgerinnung ohne Zusatz von Lab hergestellt werden. Serviert wird er klassisch mit Öl, Rotweinessig, Zwiebelringen, Salz und Pfeffer.

Lagertipps

Damit Käse zu Hause möglichst lange frisch und aromatisch bleibt, ist er am besten dort aufgehoben, wo es gleichmäßig kühl ist (8–12 Grad): im Keller, einer Speisekammer oder im Kühlschrank. ACHTUNG: Ist es zu warm, beginnt der Käse zu schwitzen und trocknet leicht aus.

Kaminwurzen

Die Kaminwurz ist eine aus Südtirol stammende **kalt geräucherte** und **luftgetrocknete Rohwurst** aus Rindfleisch und Schweinefleisch. Vereinzelt kann man auch Kaminwurzen aus Wildfleisch, Lamm und Ziege finden. Die Kaminwurz ist eine ideale Ergänzung zur Brotzeit (Jause), zusammen mit Speck und Käse.

HINWEIS

Die **Bezeichnung Kaminwurz** kommt von der ursprünglichen Art der Räucherung. In vielen Häusern gab es im Kamin am Dachstuhl eine Räucherkammer.

[1] Bauernkaminwurzen, Kaminwurzen von [2] Hirsch oder [3] Gams, [4] Kaminwurzen mit Peperoncino und die [5] klassische Kaminwurz.

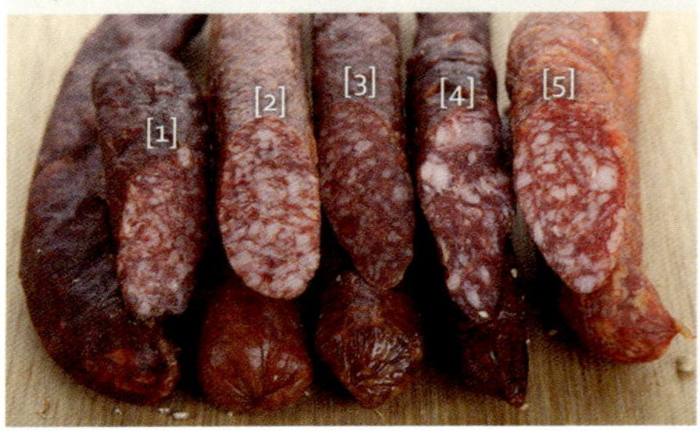

Wein und Speck

Welcher Wein zu Speck? »Das ist doch ganz klar«, wird jeder Südtiroler Weinliebhaber wie aus der Pistole geschossen antworten: »ein Vernatsch, was sonst?« Das ist so weit auch richtig, wenn wir bei Speck an die klassische Marende denken. Dazu passt der leichte, milde, gerbstoffarme Südtiroler Traditionswein **Vernatsch** sicher am besten, egal ob als **Kalterer See Auslese** oder als **St. Magdalener** getrunken. Am ehesten lässt sich zum klassischen »Speckbrettl« noch ein **Blauburgunder** kredenzen, unter Umständen auch der gehaltvollere **Lagrein,** der zweite Südtiroler Paradewein, der nur hierzulande angebaut wird.
Doch die Speckjause ist – das zeigt nicht zuletzt dieses Buch – nicht das einzige, was man mit der köstlichen Spezialität kulinarisch anfangen kann. Wenn der Speck als kalte Vorspeise daherkommt, passen je nach Begleitung auf dem Teller auch **Weißweine:** zu Speck mit Steinpilzen etwa ein kräftiger Chardonnay, zu Speck mit Mozzarella ein Müller Thurgau usw. Auch zu warmen Nudelvorspeisen (z. B. mit Gemüse), Speck mit Spargel oder Fisch kann ein »Weißer« oft die bessere Wahl sein.

Speckcanapés

Für 4 Personen (16 Stück)

Melonenperlen mit Speck

- 8 Melonenperlen
- 8 Speckscheiben

Topfenbrötchen

- 200 g Topfen (Quark)
- ½ TL Kümmel, fein gehackt
- 1 TL Petersilie, fein geschnitten
- Salz
- Pfeffer aus der Mühle
- 50 g geschlagene Sahne
- 8 Speckscheiben
- 8 Weißbrotscheiben, rechteckig geschnitten und geröstet
- 8 Dillspitzen

Schwarzbrot mit Risina-Bohnen

- 100 g Risina-Bohnen
- 2 EL Olivenöl
- 1 EL Zitronensaft
- Salz und Pfeffer aus der Mühle
- 8 Schwarzbrotscheiben, rund ausgestochen
- Butter
- 8 Speckscheiben, rund ausgestochen
- 8 Kerbelblätter

Peperonibrötchen

- 80 g gelbe und rote Peperoni, in Würfel geschnitten
- 1 EL Olivenöl
- Salz und Pfeffer aus der Mühle
- 4 Laugenbrotscheiben, halbiert
- 8 kleine Specksröllchen

Melonenperlen mit Speck

- Melonenperlen mit Speck umwickeln und servieren.

Topfenbrötchen

- Topfen mit Kümmel, Petersilie, Salz und Pfeffer würzen und mit geschlagener Sahne verrühren.
- In die aufgerollten Speckscheiben füllen, auf gerösteten Weißbrotscheiben anrichten und mit Dillspitzen garnieren.

Schwarzbrot mit Risina-Bohnen

- Risina-Bohnen 1 Stunde einweichen und anschließend in Salzwasser (18 Minuten) kochen.
- Bohnen abgießen und mit Olivenöl, Zitronensaft, Salz und Pfeffer würzen.
- Schwarzbrotscheiben mit Butter bestreichen und mit ausgestochenem Speck belegen, anschließend mit Bohnensalat belegen und mit Kerbel garnieren.

Peperonibrötchen

- Peperoniwürfel in Olivenöl kurz dünsten (2 Minuten), mit Salz und Pfeffer würzen, auf Laugenbrotscheiben anrichten und mit kleinen Speckröllchen garnieren.

Risina-Bohnen: etwa 18 Minuten

TIPP

Anstelle der Risina-Bohnen können Sie gekochte gelbe Linsen oder Cannellini-Bohnen verwenden.

Peperonibrötchen
Schwarzbrot mit Risina-Bohnen
Topfenbrötchen
Melonenperlen mit Speck

Bruschetta mit Tomaten und Speck

FÜR 4 PERSONEN

Zutaten

200 g	Tomaten
½	Knoblauchzehe, fein gehackt
2 EL	Olivenöl
8	Weißbrotscheiben (Bruschetta oder Ölbrot), getoastet
½	Peperoncino, zerrieben
	Salz
	Pfeffer aus der Mühle
1 TL	Basilikum, fein geschnitten
8	Speckröllchen

Zubereitung

- Tomaten schälen, entkernen und in kleine Würfel schneiden.
- Knoblauch in etwas Olivenöl dünsten und unter die Tomaten mischen.
- Mit zerriebenem Peperoncino, Salz und Pfeffer würzen und auf die getoasteten Weißbrotscheiben geben.
- Mit Basilikum und Speckröllchen garnieren und servieren.

Ölbrot

Zutaten

500 g	Mehl
25 g	Hefe
½ EL	Zucker
250 ml	Wasser
50 ml	Olivenöl
15 g	Salz

Weiteres

100 ml	Olivenöl
	Meersalz

etwa 220 Grad
etwa 20 Minuten

Zubereitung

- Mehl in eine Schüssel sieben und in die Mitte eine Mulde drücken.
- Hefe und Zucker in lauwarmem Wasser auflösen, in die Mehlmulde gießen und 10 Minuten zugedeckt aufgehen lassen.
- Olivenöl und Salz zum Mehl geben und alles zu einem glatten, geschmeidigen Teig verarbeiten.
- Den Teig mit einem Tuch zudecken und an einem warmen Ort 20 Minuten gehen lassen, bis die Oberfläche Risse zeigt.
- Den Teig nochmals durchkneten, längliche Brote formen und auf ein eingeöltes Backblech legen.
- Mit einem Kochlöffelstiel kleine Löcher in die Bortlaibe drücken und in diese Olivenöl geben, erneut zudecken und so lange gehen lassen, bis sich das Volumen verdoppelt hat.
- Die Brotlaibe mit Meersalz bestreuen und im vorgeheizten Backrohr backen.

TIPPS

1. *Anstelle des Weißbrotes können Vingschger Paarln oder Toastbrotscheiben verwendet werden.*
2. *Sie können die Bruschetta mit gedünsteten Melanzane-, Zucchini- oder Mozzarellawürfeln zubereiten.*

Grissini mit Speck

Für etwa 30 Grissini (etwa 800 g Teig)

Grissini

250 ml	Milch
20 g	Hefe
1 TL	Zucker
500 g	Mehl
70 g	Butter
80 ml	Olivenöl
10 g	Salz

Weiteres

12	Speckscheiben, sehr dünn geschnitten

etwa 200 Grad
etwa 12 Minuten

Grissini

- Lauwarme Milch, Hefe und Zucker verrühren und 30 Minuten zugedeckt bei 35 Grad aufgehen lassen.
- Mit Mehl, weicher Butter, Olivenöl und Salz mischen und zu einem eher festen Teig verkneten.
- Den Teig etwa 30 Minuten an einem warmen Ort aufgehen lassen.
- Nochmals durchkneten und daraus dünne, 20 cm lange und 1/2 cm dicke Stangen rollen.
- Auf ein Backblech legen und nochmals bei 35 Grad aufgehen lassen, bis der Teig etwa das doppelte Volumen erreicht hat.
- Nun die Grissini im vorgeheizten Backofen backen.

Fertigstellung

- Die ausgekühlten Grissini mit Speckscheiben umwickeln und servieren.

TIPPS

1. *Sie können die Grissini vor dem Backen mit Sesam, Mohn oder grobem Salz bestreuen.*
2. *Servieren Sie die Grissini einmal anders: mit gekochtem Schinken, gekochtem Lammschinken, Wildschinken oder Rindergeselchtem, in hauchdünne Scheiben geschnitten.*
3. *Sie können in den Grissiniteig auch 1 TL Currypulver oder 1 EL Olivenpaste geben.*
4. *Zusätzlich können Sie auch gehackten Rosmarin, Salbei oder Kümmel in den Teig einarbeiten.*
5. *Zur Abwechslung können Sie ein Drittel des Mehls durch Vollkornmehl ersetzen.*

Gurken-Sauerrahm-Terrine mit Speck und Kren

FÜR 4 PERSONEN

Sauerrahmcreme

1½ Blatt	Gelatine
2 EL	flüssige Sahne
120 g	Sauerrahm
100 ml	geschlagene Sahne
	Salz
	Pfeffer aus der Mühle

Gurkengelee

3 Blatt	Gelatine
100 g	Salatgurkenwürfel
	Salz
	Pfeffer aus der Mühle
250 ml	Salatgurkensaft

Weiteres

8	Speckscheiben
	Krenspäne zum Garnieren
4	Rosmarinzweige
2 EL	Speckwürze (getrockneter Speck, fein gemixt)

Sauerrahmcreme

- Gelatineblätter in reichlich kaltem Wasser einweichen.
- Gelatine ausdrücken, mit 2 Esslöffeln Sahne im heißen Wasserbad auflösen und mit Sauerrahm vermischen.
- Geschlagene Sahne nach und nach unterheben und mit Salz und Pfeffer abschmecken.

Gurkengelee

- Gelatineblätter in reichlich kaltem Wasser einweichen.
- Salatgurkenwürfel mit Salz und Pfeffer würzen und mit der in etwas Salatgurkensaft aufgelösten Gelatine vermischen.

Fertigstellung

- Eine Terrinenform mit Klarsichtfolie auslegen, die Hälfte der Sauerrahmcreme einfüllen, glatt streichen und etwas gelieren lassen.
- Nun das Gurkengelee einfüllen und wiederum gelieren lassen. Diesen Vorgang wiederholen und anschließend die Terrine im Kühlschrank 1 Stunde stocken lassen.
- Die Terrine in Scheiben schneiden und mit Speckscheiben und Krenspänen auf einem Teller anrichten, mit Rosmarinzweig und Speckwürze garnieren und servieren.

TIPPS

1. *Zu der Gurken-Sauerrahm-Terrine passen verschiedene Blattsalate und Räucherlachs.*
2. *Anstelle des Sauerrahms können Sie auch Naturjoghurt oder Ziegenmilchjoghurt verwenden.*

Specktramezzini

Für 4 Personen

Zutaten

50 g	Speckwürfel
100 g	Essiggurken, fein gewürfelt
½ EL	Schnittlauch, fein geschnitten
3 EL	Mayonnaise
½ EL	Zitronensaft
	Salz
	Pfeffer aus der Mühle
8	Salatblätter (Endivie)

Weiteres

4	Kastenweißbrot- oder Tramezzinibrotscheiben
16	kleine Speckröllchen

Zubereitung

- Speckwürfel rösten, mit Essiggurken, Schnittlauch und Mayonnaise vermischen und alles mit Zitronensaft, Salz und Pfeffer würzen.
- Salatblätter waschen, gut trocken tupfen und die Spitzen für die Garnitur bereitstellen.

Fertigstellung

- Die Hälfte der Brotscheiben mit jeweils einem Salatblatt belegen.
- Die Speckcreme darauf verteilen, mit den restlichen Brotscheiben bedecken und leicht andrücken.
- Die Brote diagonal durchschneiden, mit Speckröllchen und Salatspitzen garniert servieren.

TIPPS

1. *Zur Abwechslung können Sie auch 1 Teelöffel Kapern oder fein geschnittene Kräuter (Kerbel, Petersilie, Basilikum) bzw. Salate wie Rucola unter die Speckcreme mischen.*
2. *Damit die Füllung beim Schneiden nicht herausgedrückt wird, müssen Tramezzini vorsichtig geschnitten werden. Am besten geht das mit einem scharfen Sägemesser.*
3. *Wer möchte, schneidet die Brote zweimal diagonal durch, dann lassen sie sich noch leichter essen.*

Mascarponemousse im Speckmantel auf Selleriesalat

FÜR 4 PERSONEN

Mascarponemousse

1½ Blatt	Gelatine
2 EL	flüssige Sahne
20 g	geröstete Pignoli, gehackt
200 g	Mascarpone
120 ml	geschlagene Sahne
	Salz
	Pfeffer aus der Mühle
1 EL	Schnittlauch, fein geschnitten

Selleriesalat

300 g	Bleichsellerie
2 EL	Olivenöl
1 EL	Apfelessig
1 EL	Dill, fein geschnitten
	Salz
	Pfeffer aus der Mühle

Weiteres

12	Speckscheiben
	Schnittlauchhalme zum Garnieren
2 EL	Kräuteröl (Petersilie, Knoblauch, Basilikum und Olivenöl fein gemixt)
	Basilikumkresse zum Garnieren

Mascarponemousse

- Gelatineblätter in reichlich kaltem Wasser einweichen.
- Gelatine ausdrücken, mit 2 Esslöffeln flüssiger Sahne im heißen Wasserbad auflösen und mit gerösteten Pignoli und Mascarpone vermischen.
- Geschlagene Sahne nach und nach unterheben und mit Salz und Pfeffer abschmecken.
- Die Mousse in die Speckröllchen mittels eines Spritzsackes einfüllen, mit Schnittlauch bestreuen und für 30 Minuten in den Kühlschrank stellen.

Selleriesalat

- Bleichsellerie putzen, waschen, an den Blattstielen leicht schälen und dann in dünne Scheiben schneiden.
- Mit Olivenöl, Apfelessig, Dill, Salz und Pfeffer marinieren.

Fertigstellung

- Selleriesalat auf Tellern anrichten, die Mascarponemousse im Speckmantel daraufsetzen, Schnittlauchhalme in die Mousse stecken und mit Kräuteröl und Basilikumkresse garnieren und servieren.

TIPPS

1. *Zur Mascarponemousse passen auch verschiedene Blattsalate oder ein Avocadosalat.*
2. *Mischen Sie unter die Mascarponemousse 1 TL geriebenen Kren.*

Grillgemüse-Feta-Schnitte mit Speck

FÜR 4 PERSONEN

Zutaten

100 g	Melanzane
100 g	Zucchini
2	rote Peperoni
1	Knoblauchzehe
100 ml	Olivenöl
	Pfeffer aus der Mühle
	Salz

Weiteres

200 g	Fetakäse
12	Speckscheiben
20 g	Schnittknoblauch

Gemüse: etwa 4 Minuten

Zubereitung

- Melanzane und Zucchini waschen, putzen und in ½ cm dicke Scheiben schneiden.
- Peperoni schälen, vierteln und entkernen.
- Knoblauch schälen, fein hacken und in das Olivenöl legen (Knoblauchöl).
- Das vorbereitete Gemüse mit Pfeffer aus der Mühle und Knoblauchöl 10 Minuten marinieren.
- Salzen, auf den vorgeheizten Grill legen und beidseitig grillen.
- Feta in 1½ cm dicke Scheiben schneiden und in eine mit Klarsichtfolie ausgelegte Terrinenform geben.
- Nun gegrillte Melanzane, Zucchini und Peperoni abwechselnd auf den Käse schichten, bis die Form voll bzw. das Gemüse aufgebraucht ist.
- Die Terrine gut andrücken, mit Klarsichtfolie verschließen und 1 Stunde kaltstellen (eventuell die Terrine mit einem Gewicht beschweren).

Fertigstellung

- Die Terrine stürzen, Klarsichtfolie entfernen und in 2–3 cm dicke Scheiben schneiden.
- Die Grillgemüse-Feta-Schnitte auf Tellern mit Speckscheiben und Schnittknoblauch anrichten und servieren.

TIPPS

1. *Sie können auch andere Gemüsesorten wie Fenchel, Tomaten oder Radicchio verwenden.*
2. *Zur Grillgemüse-Feta-Schnitte passen auch Rohschinken, Culatello oder Salami.*
3. *Statt Feta verwenden Sie Mozzarella.*

Spargel mit Honigmarinade, Speck und Kressesalat

Für 4 Personen

Honigmarinade

- 1 EL Honig
- 2 EL Weißweinessig
- 1 TL Zitronensaft
- 4 EL Olivenöl
- Salz
- Pfeffer aus der Mühle

Kressesalat

- 4 EL rote und grüne Basilikumkresse oder Gartenkresse
- 2 EL Knoblauchkresse oder Schnittlauch

Weiteres

- 24 weiße Spargel, gekocht
- 16 Speckscheiben
- Schnittlauch, fein geschnitten
- Brotwürfel, in Butter geröstet

Honigmarinade

- ▸ Honig mit Weißweinessig und Zitronensaft gut verrühren und Olivenöl langsam einrühren.
- ▸ Mit Salz und Pfeffer würzen und bereitstellen.

Kressesalat

- ▸ Rote und grüne Basilikumkresse oder Gartenkresse fein zupfen, mit Knoblauchkresse oder Schnittlauch vermischen und mit Marinade beträufeln.

Fertigstellung

- ▸ Gekochten weißen Spargel leicht erwärmen, mit etwas Honigmarinade marinieren und auf Tellern anrichten.
- ▸ Kurz vor dem Servieren Speckscheiben darauflegen und mit dem marinierten Kressesalat garnieren.
- ▸ Mit Schnittlauch und Brotwürfeln garnieren und servieren.

TIPPS

1. *Sie können den Spargel auch in Olivenöl oder mit etwas Butter und Gemüsebrühe dünsten.*
2. *Marinieren Sie den Spargel mit Naturjoghurt und vollenden ihn mit rohen Champignons.*

Gemüsesticks mit Speck

Für 4 Personen

Zutaten

1	Salatgurke
1	Fenchelknolle
1	gelbe Peperoni
1	rote Peperoni

Dippsauce

100 ml	Mayonnaise
1 EL	Essiggurken, fein gehackt
1 EL	Petersilie, fein geschnitten
1 EL	Dill, fein geschnitten
1 TL	Sardellen in Öl, fein gehackt
	Salz
	Pfeffer aus der Mühle
2 EL	Sahne

Weiteres

16	dünne Speckscheiben

Zubereitung

- Salatgurke waschen und in 4 cm lange Stücke schneiden, die Stücke sechsteln und das Kerngehäuse herausschneiden.
- Die harten Außenblätter der Fenchelknolle entfernen, Stile großzügig abschneiden, Fenchelblätter waschen und in dicke, 4 cm lange Streifen schneiden.
- Gelbe und rote Peperoni putzen, waschen und ebenfalls in dicke, 4 cm lange Streifen schneiden.

Dippsauce

- Für die Sauce Mayonnaise mit Essiggurken, Petersilie, Dill und Sardellen vermischen, mit Salz und Pfeffer würzen und mit Sahne verdünnen.

Fertigstellung

- Die Dippsauce in kleine Gläser oder Schüsselchen füllen, die Gemüsesticks mit Speck umwickeln, in die Gläser stecken und servieren.

TIPPS

1. *Zum Dippen eignen sich viele Gemüse, z. B. Frühlingszwiebeln, Fleischtomaten, Zucchini usw.*
2. *Servieren Sie zu dem Gemüse Kräuterjoghurt oder Kräuterquark.*
3. *Anstelle des Specks können Sie auch Räucherlachs oder Rohschinken verwenden.*

Kräuter-Speckröllchen auf Kartoffelsalat

Für 4 Personen

Zutaten

400 g festkochende Kartoffeln

Marinade

1 EL Senf
1 EL Zwiebeln, in feine Würfel geschnitten
50 ml Fleischsuppe (siehe Seite 44) oder Wasser
2 EL Weißweinessig
80 ml Maisöl
Salz
Pfeffer aus der Mühle
50 g Radieschen, in feine Streifen geschnitten

Weiteres

2 EL Kerbel
2 EL Dill
2 EL Rucola
8 Speckscheiben

Kartoffeln: etwa 45 Minuten

Zubereitung

- Kartoffeln waschen und in Salzwasser kochen oder dämpfen, etwas auskühlen lassen, schälen und in ½ cm dicke Scheiben schneiden.

Marinade

- Senf und Zwiebelwürfel mit Fleischsuppe oder Wasser und Weißweinessig verrühren.
- Unter weiterem Rühren Maisöl dazugießen und kräftig rühren, damit eine cremige Sauce entsteht (eventuell mixen).
- Mit Salz und Pfeffer würzen und mit Radieschen vermischen.

Fertigstellung

- Kerbel, Dill und Rucola fein zupfen, mischen, auf die Speckscheiben legen und einrollen.
- Die Kartoffelscheiben auf Tellern legen, die Kräuter-Speckröllchen daraufsetzen, die Marinade dazugeben und servieren.

TIPPS

1. *Geröstete Speckwürfel eignen sich als Geschmacksträger für den Kartoffelsalat.*
2. *Anstelle des Kartoffelsalates servieren Sie Gurken- oder Krautsalat.*
3. *Servieren Sie Sahnekren dazu.*

Pfifferlingsalat mit Speck und Pecorino

FÜR 4 PERSONEN

ZUTATEN

400 g	Pfifferlinge
40 g	Schalotten
4 EL	Olivenöl oder Nussöl
100 g	Tomatenwürfel
	Salz
	Pfeffer aus der Mühle
2 EL	Weißweinessig
1 EL	Schnittlauch, fein geschnitten

Weiteres

12	Speckscheiben
8	dünne Pecorinoscheiben
4	Schnittlauchhalme

etwa 5 Minuten

Zubereitung

- Pfifferlinge putzen, kurz waschen und auf einem Küchentuch trocknen lassen, je nach Größe halbieren oder vierteln.
- Schalotten schälen und fein schneiden.
- Olivenöl oder Nussöl erhitzen, Pfifferlinge dazugeben, kurz rösten, dabei die Pfanne öfter kräftig schwingen, dann die Schalotten hinzufügen.
- Tomatenwürfel dazugeben, salzen und pfeffern, mit Weißweinessig abschmecken, eventuell nochmal mit Olivenöl übergießen und mit Schnittlauch verfeinern.

Fertigstellung

- Pfifferlingsalat mit Speck- und Pecorinoscheiben anrichten, mit einem Schnittlauchhalm garnieren und servieren.

VARIATION

Pfifferlingsalat mit gekochtem Ei: Unter die Pfifferlinge zwei gekochte, grob gehackte Eier mischen und anstatt mit Weißweinessig mit 2 EL Zitronensaft abschmecken.

TIPPS

1. *Sie können die Pfifferlinge mit Knoblauch abschmecken.*
2. *Servieren Sie den Pfifferlingsalat zu verschiedenen Carpacci, als kalte Vorspeise, zu italienischen Wurstwaren usw.*
3. *Anstelle der Pfifferlinge können Sie auch Steinpilze, Champignons oder Shiitakepilze verwenden.*
4. *Sie können den Pecorino mit einem Sparschäler in dünne Scheiben schneiden.*

Speck mit Meerrettichmousse und Salatspitzen

FÜR 4 PERSONEN

Meerrettichmousse

2½ Blatt	Gelatine
2 EL	flüssige Sahne
200 g	Naturjoghurt
100 g	Sauerrahm
40 g	Kren (Meerrettich), fein gerieben
1 EL	Zitronensaft
1 EL	Schnittlauch, fein geschnitten
	Salz
	Pfeffer aus der Mühle
100 ml	geschlagene Sahne

Salat

20 g	Lollo rosso
20 g	Friséesalat
2 EL	Kerbelblätter
2 EL	Olivenöl
1 EL	weißer Balsamicoessig
	Salz
	Pfeffer aus der Mühle

Weiteres

12	Speckscheiben
1 EL	Krenspäne
1 EL	Schnittlauch, fein geschnitten

Meerrettichmousse

- Gelatineblätter in reichlich kaltem Wasser einweichen.
- Gelatine ausdrücken, mit 2 Esslöffeln flüssiger Sahne im heißen Wasserbad auflösen und mit Naturjoghurt und Sauerrahm vermischen.
- Kren, Zitronensaft und Schnittlauch untermischen, salzen, pfeffern und auf den Gelierpunkt (12 Grad) abkühlen lassen.
- Geschlagene Sahne nach und nach unterheben und bereitstellen.

Fertigstellung

- Die Speckscheiben auf einer Klarsichtfolie leicht überlappend ausbreiten und mit dem Meerrettichmousse bestreichen.
- Die Mousse etwas erstarren lassen, dann Speck aufrollen und für 20 Minuten kalt stellen.
- Salate und Kerbel fein zupfen, mit Olivenöl, weißem Balsamicoessig, Salz und Pfeffer marinieren.
- Die Speckrolle in Stücke schneiden, mit marinierten Salaten, Krenspänen und Schnittlauch anrichten und servieren.

TIPPS

1. *Sie können anstelle des Naturjoghurts auch Ziegenfrischkäse oder Topfen (Quark) verwenden.*
2. *Die Mousse können Sie in Formen füllen und als Terrine servieren.*

Ziegenkäse-Millefoglie mit Speck

FÜR 4 PERSONEN

Marinade

- 2 EL Taggiasca Oliven oder schwarze Oliven, grob gehackt
- 2 EL getrocknete Tomaten, fein gewürfelt
- 1 EL Petersilie, fein geschnitten
- 2 EL Olivenöl
- schwarzer Pfeffer aus der Mühle
- Salz

Weiteres

- 200 g Ziegenkäse
- 12 dünne Baguettescheiben
- 12 Speckscheiben
- 12 Vogelesalatherzen (Feldsalat)

etwa 170 Grad
etwa 7 Minuten

Marinade

- Gehackte Oliven, Tomatenwürfel und Petersilie mit Olivenöl vermischen, mit Pfeffer und Salz würzen und bereitstellen.

Fertigstellung

- Dünne Baguettescheiben im Backrohr knusprig backen.
- Ziegenkäse in 3 bis 5 mm dicke Scheiben schneiden und abwechselnd mit Baguettescheiben und der Marinade übereinanderschichten.
- Jede Schicht mit der Marinade beträufeln.
- Die Speckscheiben daneben anrichten und mit Vogelesalatherzen und der restlichen Marinade garnieren und servieren.

TIPPS

1. *Sie können auch geröstete Speckwürfel unter die Marinade mischen.*
2. *Anstelle des Ziegenkäses eignen sich Kräuterquark, Mozzarella oder andere Weichkäse.*
3. *Statt des Specks können Sie Rohschinken oder einen Wildschinken verwenden.*
4. *Sie können das Baguette einfrieren, so lässt es sich leichter in hauchdünne Scheiben schneiden.*
5. *Zur Abwechslung rösten Sie die Baguettescheiben in einer heißen Pfanne mit etwas Butter.*
6. *Anstelle der getrockneten Baguettescheiben können Sie auch Ziehteigblätter oder Blätterteigblätter verwenden.*

Warmer Speckkrautsalat auf Vinschger Paarlbrot

FÜR 4 PERSONEN

Zutaten

400 g	Weißkraut
	Salz
3 EL	Weißweinessig
4 EL	Öl
	weißer Pfeffer aus der Mühle
24	Vinschger Paarlbrotscheiben, halbiert
16	kleine Speckscheiben
80 g	geröstete Speckstreifen
1 EL	Schnittlauchhalme

Zubereitung

- Weißkrautkopf von den Außenblättern befreien, vierteln und dabei den Strunk herausschneiden.
- Sehr fein schneiden (mit Messer, Hobel, Küchen- oder Aufschnittmaschine).
- Das Kraut in einer Schüssel mit Salz vermischen, damit es mürbe und geschmeidig wird.
- Weißweinessig und Öl erwärmen, mit weißem Pfeffer würzen und mit dem Kraut vermischen.

Fertigstellung

- Die Brotscheiben auf einen Teller legen, die Speckscheiben daraufsetzen und mit dem warmen Krautsalat, gerösteten Speckstreifen und Schnittlauch servieren.

TIPPS

1. *Sie können die gerösteten Speckstreifen auch unter den Salat mischen.*
2. *Dieser Krautsalat passt gut zu Speckknödeln, Gröstl oder Gulasch.*
3. *Sie können auch ½ TL Kümmel oder in Streifen geschnittene Radieschen unter das Weißkraut mischen.*
4. *Anstelle des Weißkrauts können Sie auch Blaukraut verwenden.*

Speckknödelsuppe

FÜR 4 PERSONEN (ETWA 8 KNÖDEL)

Fleischsuppe

500 g	Rindsknochen
300 g	mageres Rindfleisch (Suppenfleisch) von Brust oder Wade
300 g	Wurzelgemüse: 1 Zwiebel mit Schale, 1 Karotte, ½ Tomate, 50 g Stangensellerie, 30 g Lauch
3 l	Wasser
	Gewürze: ½ Lorbeerblatt, 4 Pfefferkörner, zerdrückt, 1 Knoblauchzehe, 1 Petersilienstängel, Salz

Knödel

½	Zwiebel, in feine Würfel geschnitten
20 g	Butter
150 g	Knödelbrot
20 g	Mehl
80 g	Speck, in feine Würfel geschnitten
2	Eier
100 ml	Milch oder Wasser
1 EL	Schnittlauch, fein geschnitten
	Salz

Weiteres

1 EL	Petersilie, fein geschnitten

Fleischsuppe: etwa 2 Stunden
Knödel: etwa 20 Minuten

Fleischsuppe

- Rindsknochen etwa 10 Minuten in Wasser kochen lassen, um sie zu reinigen.
- Wasser abgießen, die Knochen in 3 l kaltes Wasser geben und langsam zum Kochen bringen. Dabei mehrmals den Schaum und das Fett abschöpfen. Dann das Rindfleisch dazugeben und etwas salzen.
- Zwiebel ungeschält halbieren und mit der Schnittfläche nach unten in einer Pfanne bräunen.
- Nachdem die Suppe etwa 1 Stunde gekocht hat, gebräunte Zwiebel, geputzte und gewaschene Karotte, Tomate, Stangensellerie, Lauch, Lorbeerblatt, Pfefferkörner, Knoblauchzehe und Petersilienstängel dazugeben.
- Noch 1 Stunde leicht kochen lassen.
- Die Suppe durch ein Tuch abseihen, entfetten und mit Salz abschmecken.

Knödel

- Zwiebel in Butter dünsten, über das Knödelbrot geben und vermischen. Mehl und Speck zufügen.
- Eier, Milch oder Wasser, Schnittlauch und Salz verrühren, über das Brot geben und alles gut vermengen.
- Die Masse etwa 15 Minuten ziehen lassen.
- Knödel formen und in Salzwasser zugedeckt sieden.

Fertigstellung

- Gekochte Knödel mit Fleischsuppe in eine Tasse geben, mit Petersilie garnieren und servieren.

TIPPS

1. *Servieren Sie die Knödel als Beilage zu Schweinsbraten bzw. Rippchen oder als Hauptgericht mit Salat.*
2. *Verwenden Sie trockenes Knödelbrot und lassen Sie die Masse gut durchziehen.*
3. *Wenn Sie die Knödel mit einem Löffel oder einer kleinen Schöpfkelle formen, wird die Oberfläche glatter und sie halten besser zusammen.*
4. *Je nach Geschmack können Sie den Speck auch rösten.*

Brotsuppe mit Speck

Für 4 Personen

Zutaten

- 1 Zwiebel
- 1 EL Butter
- 80 g Schwarzbrot (einige Tage alt), in Würfel geschnitten
- 1 TL Paprikapulver
- 1 l Fleischsuppe (siehe Seite 44) oder Wasser
- 1 Ei
- 2 EL Parmesan, gerieben
- Salz
- Pfeffer aus der Mühle

Weiteres

- 100 g Speck
- 1 EL Petersilie oder Schnittlauch, fein geschnitten
- Brotstücke zum Bestreuen

Zubereitung

- Zwiebel schälen, in Streifen schneiden und in Butter braun rösten.
- Schwarzbrot dazugeben und etwas mitrösten lassen.
- Paprikapulver darüberstreuen, mit Fleischsuppe oder Wasser aufgießen und aufkochen lassen.
- Ei und Parmesan verquirlen und in die Suppe einrühren.
- Aufkochen lassen und mit Salz und Pfeffer abschmecken.

Fertigstellung

- Den Speck in Streifen schneiden und in einer Pfanne anrösten.
- Die Suppe mit Speck, Petersilie und Brotstücken bestreut servieren.

Brotsuppe: etwa 15 Minuten
Speck: etwa 3 Minuten

TIPPS

1. *Als Einlage können Sie auch in Scheiben geschnittene Hauswürste, Schinkenwürfel oder Gemüsestreifen dazugeben.*
2. *Anstelle von Schwarzbrot eignen sich auch gut Vinschger Paarlen. Das Brot sollte aber mindestens zwei Tage alt sein.*
3. *Sie können die Brotsuppe auch ohne Ei zubereiten.*

Weiße Zwiebelsuppe mit Speck

Für 4 Personen

Zutaten

100 g	weiße Zwiebeln
30 g	Butter
125 ml	trockenen Weißwein
2	Knoblauchzehen
750 ml	Fleischsuppe (siehe Seite 44) oder Wasser
200 ml	Sahne
1 EL	kalte Butter
1 TL	Weißweinessig
	Pfeffer aus der Mühle
	Salz

Gebackene Zwiebelringe

1	große Zwiebel
	Mehl zum Bestreuen
	Backfett
	Salz

Weiteres

20 g	geröstete Speckstreifen
1 EL	Majoranblätter
8	Speckscheiben
8	Grissini

Zwiebelsuppe: etwa 15 Minuten

Zubereitung

- Weiße Zwiebeln schälen, in Würfel schneiden und in Butter dünsten.
- Mit Weißwein ablöschen und die Flüssigkeit fast zur Gänze einkochen lassen.
- Knoblauchzehen schälen, grob hacken und dazugeben.
- Mit Fleischsuppe oder Wasser aufgießen und 5 Minuten kochen lassen.
- Sahne dazugeben und die Suppe 10 Minuten einkochen lassen.
- Die Suppe mit kalter Butter im Mixer aufschäumen und mit Weißweinessig, Pfeffer und Salz abschmecken.

Gebackene Zwiebelringe

- Zwiebel schälen, in nicht zu dünne Scheiben schneiden, so dass große Ringe entstehen, mit Mehl bestreuen und etwas abklopfen. Zwiebelringe in heißem Backfett goldgelb backen, auf Küchenpapier abtropfen lassen und leicht salzen.

Fertigstellung

- Die Suppe in Tassen geben, mit gerösteten Speckstreifen, gebackenen Zwiebelringen und Majoranblättern garnieren.
- Zusammen mit Speckscheiben und Grissini servieren.

TIPPS

1. *Als Beilage eignen sich auch Käse- oder Schinkenkipferln, Tirtlen oder Blätterteiggebäck.*
2. *Servieren Sie zur weißen Zwiebelsuppe eine in Scheiben geschnittene, gebratene Hauswurst.*
3. *Anstelle der Fleischsuppe verwenden Sie eine Geflügelsuppe.*

Speck-Sauerkrauttörtchen

FÜR 4 PERSONEN

Auslegeteig

150 g Mehl
70 g kalte Butter
1 Eigelb
2 EL flüssige Sahne
Salz

Füllung

200 g gekochtes Sauerkraut
50 g geröstete Speckstreifen
50 g gekochte Kartoffeln, in Würfel geschnitten
Salz
Pfeffer aus der Mühle

Guss

60 ml Milch
60 ml Sahne
2 Eier
1 EL Parmesan, gerieben
Pfeffer aus der Mühle
Salz

Weiteres

zerlassene Butter zum Ausstreichen der Form
1 EL Schnittlauch, fein geschnitten
Parmesanspäne
4 EL braune Butter
8 Speckscheiben

etwa 180 Grad
etwa 15 Minuten

Auslegeteig

- Mehl, kalte Butter, Eigelb, Sahne und Salz rasch zu einem geschmeidigen Teig verkneten.
- Mit Klarsichtfolie abdecken und mindestens 30 Minuten ruhen lassen.

Füllung

- Für die Füllung gekochtes Sauerkraut, geröstete Speckstreifen und gekochte Kartoffeln vermischen, salzen und pfeffern.

Guss

- Für den Guss alle Zutaten verquirlen.

Fertigstellung

- Den Auslegeteig mit dem Nudelholz dünn ausrollen, die Törtchenformen mit Butter ausstreichen und mit dem Teig auslegen.
- Die Sauerkrautfüllung darauf verteilen, den Guss darübergießen und im vorgeheizten Backrohr backen.
- Die Törtchen aus den Formen stürzen, mit Schnittlauch und Parmesanspänen bestreuen und mit brauner Butter übergießen.
- Zusammen mit dünn geschnittenen Speckscheiben servieren.

TIPPS

1. *Sie können die Speck-Sauerkrauttörtchen auch mit gebratenen Selchfleischwürfeln und Senfsauce servieren.*
2. *Lassen Sie die Törtchen vor dem Stürzen einige Minuten in der Form ruhen, so lassen sie sich leichter herauslösen.*

Spaghetti carbonara

Für 4 Personen

Zutaten

320 g	Spaghetti
100 g	Bauchspeck
1 EL	Butter
200 ml	Sahne
3	Eigelb
2 EL	Parmesan, gerieben
	Salz
	schwarzer Pfeffer aus der Mühle

Weiteres

40 g	geröstete Speckstreifen
1 EL	Petersilie, fein geschnitten
2 EL	Parmesan, gerieben

Spaghetti:
etwa 8 Minuten

Zubereitung

- Spaghetti in reichlich Salzwasser bissfest kochen (Kochzeit siehe Verpackung).
- In der Zwischenzeit Bauchspeck in Streifen schneiden und in Butter leicht anbraten.
- Sahne mit Eigelb, Parmesan und Salz verrühren.

Fertigstellung

- Die gekochten Spaghetti abseihen, abtropfen lassen und in die Pfanne zum Bauchspeck geben.
- Die Sahne-Eigelb-Masse dazugeben und gut vermischen.
- Mit Pfeffer würzen, mit Speckstreifen, Petersilie und Parmesan garnieren und servieren.

TIPPS

1. *Als Beilage servieren Sie einen Blattsalat der Saison.*
2. *Sie können anstelle des Bauchspecks auch Schlegelspeck, Coppa oder Rohschinken verwenden.*
3. *Mischen Sie unter die Spaghetti fein geschnittene rohe Zucchini.*

Risotto mit Kastanien und Speck

FÜR 4 PERSONEN

Zutaten

50 g	Zwiebeln
40 g	Butter
240 g	Rundkornreis (Arborio, Carnaroli oder Vialone nano)
80 ml	Weißwein
50 ml	Apfelsaft
1 l	Fleischsuppe (siehe Seite 44) oder Wasser
150 g	gekochte Kastanien, gewürfelt
1	geriebener Apfel
	Salz
	Pfeffer aus der Mühle
20 g	Parmesan, gerieben
50 g	kalte Butterwürfel

Weiteres

12	Speckscheiben
12	gekochte Kastanien
1 EL	Kerbelblätter
	Parmesanspäne

etwa 20 Minuten

Zubereitung

- Zwiebeln schälen, in kleine Würfel schneiden und in Butter dünsten.
- Reis dazugeben und unter ständigem Rühren erhitzen, mit Weißwein und Apfelsaft ablöschen.
- Fleischsuppe oder Wasser nach und nach aufgießen und unter ständigem Rühren kochen lassen.
- Gekochte Kastanienwürfel und geriebenen Apfel dazugeben, mit Salz und Pfeffer würzen und mit Parmesan und kalter Butter verfeinern.
- Den Risotto mit Speckscheiben, Kastanien, Kerbel und Parmesanspänen servieren.

TIPPS

1. *Zum Aufgießen können Sie auch Geflügelbrühe verwenden.*
2. *Wer den Risotto etwas feiner liebt, kann zum Schluss etwas flüssige Sahne hinzufügen.*
3. *Anstelle der Kastanien können Sie auch gedünstete Zwiebeln oder Rosmarin dazugeben.*

Speck-Zwiebelkuchen

FÜR 1 KUCHENFORM (26 CM Ø)
16 STÜCK

Füllung

250 g	Zwiebeln, in Streifen geschnitten
1 EL	Butter
150 g	Bauchspeck, in Streifen geschnitten
	Salz
	Pfeffer aus der Mühle
1 TL	Schnittlauch, fein geschnitten

Guss

100 ml	Milch
60 ml	Sahne
2	Eier
1 EL	Parmesan, gerieben
	Pfeffer aus der Mühle
	Salz

Weiteres

200 g	Blätterteig oder Auslegeteig (siehe Seite 50)
	Butter zum Ausstreichen der Form
120 g	Emmentaler, in Streifen geschnitten
	Blattsalate
	Parmesanspäne

etwa 180 Grad
etwa 30 Minuten

Füllung

- Zwiebeln in einer Pfanne mit Butter weich dünsten. Speckstreifen dazugeben und ebenfalls etwas dünsten.
- Mit Salz, Pfeffer und Schnittlauch abschmecken und bereitstellen

Guss

- Für den Guss alle Zutaten verrühren.

Fertigstellung

- Den Blätter- oder Auslegeteig mit einem Nudelholz dünn ausrollen. Die Kuchenform mit Butter ausstreicchen und mit dem Teig auslegen.
- Die Speck-Zwiebel-Füllung und Emmentaler darauf verteilen, den Guss darübergießen und im vorgeheizten Backrohr backen.
- Zusammen mit Blattsalaten und Parmesanspänen servieren.

VARIATIONEN

Zucchinikuchen: Anstelle des Emmentalers verwenden Sie 200 g geröstete Zucchini.
Lauchkuchen: Anstelle der Zwiebeln verwenden Sie Lauch. Sie können den Speck auch weglassen.

TIPPS

1. *Den Speck-Zwiebelkuchen empfehlen wir in kleine Stücke geschnitten für Partys.*
2. *Sie können anstelle des Emmentalers auch andere Käsesorten oder Käsereste verwenden.*
3. *Lassen Sie den Kuchen vor dem Stürzen einige Minuten ruhen, so lässt er sich leichter herauslösen.*

Fagottini im Kartoffel-Specksud

FÜR 4 PERSONEN

Kartoffel-Nudelteig

250 g Mehl
250 g gekochte Kartoffeln, passiert
50 ml Wasser
Salz

Füllung

30 g Zwiebeln, in Würfel geschnitten
20 g Bauchspeck, in Würfel geschnitten
1 EL Butter
250 g gekochte Kartoffeln, grob geraspelt
60 g Topfen (Quark)
1 TL Thymian, geschnitten
1 Msp. Pecorino oder Parmesan, gerieben
Salz
Pfeffer aus der Mühle

Kartoffel-Specksud

2 EL Olivenöl
2 EL Zwiebeln, in Würfel geschnitten
70 g Kartoffeln, in kleine Würfel geschnitten
1 Rosmarinzweig
50 g Bauchspeck am Stück
300 ml Wasser
1 EL kalte Butter

Weiteres

2 EL Brotwürfel, in Butter geröstet
Origanoblätter
Parmesan, gerieben
8 Speckscheiben

Kartoffel-Specksud: etwa 15 Minuten
Fagottini: etwa 3 Minuten

Kartoffel-Nudelteig

- Aus den Zutaten einen geschmeidigen Teig herstellen.

Füllung

- Zwiebeln und Bauchspeck in Butter dünsten.
- Mit Kartoffeln, Topfen, Thymian und Pecorino oder Permesan vermischen und mit Salz und Pfeffer würzen.

Kartoffel-Specksud

- Olivenöl erhitzen, Zwiebel- und Kartoffelwürfel dünsten, Rosmarin, Bauchspeck und Wasser dazugeben und kochen lassen. Salzen und pfeffern, Rosmarin und Speck herausnehmen und mit einem Pürierstab aufmixen.

Fertigstellung

- Kartoffel-Nudelteig dünn ausrollen und runde Blätter (6 cm Ø) ausstechen. Mit einem Löffel die Füllung auf die Teigblätter geben, die Ränder mit Wasser bestreichen, zu Fagottini falten und die Teigränder gut zusammendrücken.
- Fagottini in reichlich Salzwasser kochen, mit einer Schaumkelle herausheben und gut abtropfen lassen.
- Den Kartoffel-Specksud in einen tiefen Teller geben, Fagottini daraufsetzen, mit gerösteten Brotwürfeln sowie Origano und Parmesan bestreuen, mit Speckscheiben garnieren und servieren.

TIPP

Die Fagottini schmecken auch sehr gut mit Käse wie Taleggio oder Fontina überbacken.

Corzetti mit Radicchio und Speck

FÜR 4 PERSONEN

Zutaten

200 g	Radicchio trevigiano
50 g	Zwiebeln
1	Knoblauchzehe
2 EL	Olivenöl
50 g	Bauchspeck, in feine Würfel geschnitten
2 EL	Rotweinessig
100 ml	Fleischsuppe (siehe Seite 44) oder Wasser
	Salz
	Pfeffer aus der Mühle
2 EL	kalte Butter

Weiteres

280 g	Corzetti
30 g	Parmesan, gerieben
	Schnittlauch, fein geschnitten
8	Speckscheiben

Radicchiosauce: etwa 10 Minuten

Corzetti: etwa 8 Minuten oder wie auf der Verpackung angegeben

Zubereitung

- Radicchio putzen, waschen, in Streifen schneiden und für 10 Minuten in lauwarmes Wasser legen.
- Zwiebeln und Knoblauch schälen, fein schneiden und in Olivenöl dünsten.
- Bauchspeck dazugeben und mitdünsten.
- Geschnittenen Radicchio aus dem Wasser nehmen, zu den Zwiebeln geben und ebenfalls dünsten, mit Rotweinessig und Fleischsuppe oder Wasser aufgießen und weich dünsten, bis die Flüssigkeit fast vollständig eingekocht ist.
- Mit Salz und Pfeffer würzen und mit der kalten Butter verfeinern.

Fertigstellung

- Corzetti in reichlich Salzwasser kochen, abgießen und in der Radicchio-Specksauce schwenken.
- Die Nudeln auf Tellern anrichten, mit Parmesan und Schnittlauch bestreuen und mit dünnen Speckscheiben garnieren und servieren.

TIPPS

1. *Der Essig bewirkt, dass der Radicchio nicht braun wird.*
2. *Statt Radicchio trevigiano können Sie andere Radicchiosorten wie Radicchio Rosso di Verona oder Radicchio di Chioggia verwenden.*
3. *Zum Aufgießen eignet sich auch Geflügelbrühe.*
4. *Anstelle der Corzetti verwenden Sie Fusilli, Penne, Maccheroni oder Farfalle.*

Ravioli mit Fondutafüllung, Trüffel und Speck

FÜR 4 PERSONEN

Nudelteig

100 g Hartweizenmehl
100 g Mehl
2 Eigelb
1 Ei
1 EL Öl
Salz

Fondutafüllung

30 g Zwiebeln
1 Knoblauchzehe, fein gehackt
30 g Butter
100 ml Sahne
100 g Bergkäse, in kleine Würfel geschnitten
80 g Fontina, in kleine Würfel geschnitten
2 EL Parmesan, gerieben
Salz
Pfeffer aus der Mühle

Spinatbutter

2 EL Butter
1 Knoblauchzehe, fein gehackt
100 g Spinat
1 Msp. Muskatnuss, gerieben
Salz

Weiteres

12 kleine Speckscheiben
weißer Albatrüffel, gehobelt

Ravioli: etwa 4 Minuten
Spinatbutter: etwa 2 Minuten

Nudelteig

- Aus den Zutaten einen geschmeidigen Teig herstellen und etwa 1 Stunde zugedeckt ruhen lassen.

Fondutafüllung

- Zwiebeln schälen, in kleine Würfel schneiden und mit Knoblauch in Butter dünsten.
- Sahne dazugeben und etwas einkochen lassen. Nun Bergkäse, Fontina und Parmesan hinzufügen und schmelzen lassen. Eventuell mit Salz und Pfeffer würzen, dann erkalten lassen.

Spinatbutter

- Butter in einer Pfanne erhitzen, Knoblauch dazugeben und leicht erhitzen.
- Geputzten und eventuell zerkleinerten Spinat dazugeben, salzen und kurz dünsten.

Fertigstellung

- Den Teig mit der Nudelmaschine dünn ausrollen, runde Blätter (4 cm Ø) ausstechen, etwas erkaltete Fondutafüllung daraufgeben, ein zweites Teigblatt darüberlegen, fest andrücken und in Salzwasser kochen.
- Gekochte Ravioli in der Spinatbutter schwenken, auf Tellern anrichten und mit Speckscheiben garnieren.
- Weißen Albatrüffel darüberhobeln und servieren.

TIPPS

1. *Sie können anstelle der Fondutafüllung auch eine Topfenfüllung oder nur einen Ziegenfrischkäse verwenden.*
2. *Anstelle der Spinatbutter können Sie Lauch- oder Schnittlauchbutter verwenden.*

Kürbisnocken mit Zwiebeln und Speck

FÜR 4 PERSONEN

Kürbisnocken

200 g	Speisekürbis
	Salz
	Pfeffer aus der Mühle
1	Eigelb
30 g	Mehl
1 EL	Parmesan, gerieben
160 g	Toastbrot, fein gerieben oder gemixt

Zwiebelbutter

2 EL	Butter
120 g	rote Zwiebeln, in feine Streifen geschnitten
80 ml	Fleischsuppe (siehe Seite 44)
50 g	kalte Butterwürfel

Weiteres

50 g	geröstete Speckstreifen
2 EL	Parmesan, gerieben
2 EL	Schnittlauch, fein geschnitten
4	getrocknete Speckscheiben
2 EL	Brotwürfel, in Butter geröstet

Kürbis: etwa 180 Grad
Kürbis: etwa 18 Minuten
Zwiebelbutter: etwa 7 Minuten
Kürbisnocken: etwa 4 Minuten

Kürbisnocken

- Speisekürbis schälen, in nicht zu kleine Würfel schneiden, mit Salz und Pfeffer würzen, auf Alufolie geben, gut verschließen und im Backrohr langsam garen lassen.
- Nun den Kürbis aus der Folie nehmen und mit der Handpassiermaschine (Flotte Lotte) passieren oder in der Moulinette mixen, mit Eigelb vermischen und erkalten lassen.
- In eine Schüssel geben und mit Mehl, Parmesan, Toastbrot, Salz und Pfeffer verkneten.
- Aus dem Teig rasch gleichmäßig dicke Stränge (1 cm Ø) formen oder in einen Spritzsack füllen und aufspritzen. In 1 cm lange Stücke schneiden.

Zwiebelbutter

- Butter erhitzen und die Zwiebelstreifen darin langsam dünsten. Mit Fleischsuppe aufgießen, etwas einkochen lassen und mit kalter Butter verfeinern.

Fertigstellung

- Die Kürbisnocken in Salzwasser kurz aufkochen, mit einer Schaumkelle herausnehmen und in der Zwiebelbutter schwenken.
- Die gekochten Kürbisnocken mit gerösteten Speckstreifen, Parmesan und Schnittlauch bestreuen und mit getrockneten Speckscheiben und gerösteten Brotwürfeln garnieren und servieren.

TIPPS

1. *Sie können die Speckscheiben auf einem Backblech im Backrohr bei etwa 60 Grad (Ober- und Unterhitze) trocknen lassen.*
2. *Sollte die Nockenmasse zu weich sein, fügen Sie etwas Toastbrotbrösel hinzu.*
3. *Sie können die Kürbisnocken auch nur mit zerlassener Butter und Parmesan servieren.*

Nudelteigtaschen mit Speck und Brokkoli

FÜR 4 PERSONEN

Nudelteig

60 g	Hartweizenmehl
150 g	Mehl
2	Eigelb
1	Ei
1 EL	Öl
	Salz

Füllung

50 g	Schalotten, fein geschnitten
½	Knoblauchzehe, fein geschnitten
1 EL	Butter
250 g	gekochter Brokkoli
1 EL	Parmesan, gerieben
1 Msp.	Muskatnuss
	Salz
	Pfeffer aus der Mühle

Weiteres

12	kleine, gekochte Brokkoliröschen
2 EL	Parmesan, geraspelt
4 EL	braune Butter
2 EL	geröstete Speckstreifen
4	Speckscheiben
1 EL	alter Balsamicoessig

etwa 4 Minuten

Nudelteig

- Aus den Zutaten einen geschmeidigen Teig herstellen und etwa 1 Stunde zugedeckt ruhen lassen.

Füllung

- Schalotten und Knoblauch in Butter dünsten, Brokkoli dazugeben und kurz mitdünsten.
- Brokkoli erkalten lassen, dann fein pürieren, Parmesan dazugeben und mit Muskatnuss, Salz und Pfeffer würzen und gut verrühren.

Fertigstellung

- Den Teig mit der Nudelmaschine dünn austreiben.
- In 6 x 4 cm große Rechtecke schneiden (möglichst schnell arbeiten, damit er nicht austrocknet).
- Die Füllung mit einem kleinen Löffel oder mittels Spritzsack auf die Teigblätter geben.
- Den Rand mit Wasser anfeuchten und den Teig zusammenfalten.
- Sofort mit den Fingern die Ränder andrücken.
- Die Teigtaschen in Salzwasser kochen, abseihen und anrichten.
- Brokkoliröschen in einer Pfanne in Butter schwenken, salzen und auf den Teigtaschen anrichten.
- Mit Parmesan und Speckstreifen bestreuen, mit brauner Butter übergießen und mit Speckscheiben sowie dickflüssigem Balsamicoessig garnieren und servieren.

TIPP

Sie können die Nudelteigtaschen statt mit Brokkoli auch mit Blumenkohl füllen.

Gefülltes Schweinsfilet im Speckmantel

FÜR 4 PERSONEN

Zutaten

500 g	Schweinsfilet (8 Medaillons)
	Salz
	Pfeffer aus der Mühle

Füllung

30 g	Butter
50 g	Lauch, fein geschnitten
150 g	Champignons, in kleine Würfel geschnitten
60 g	Bauchspeck, in kleine Würfel geschnitten
	Salz
	Pfeffer aus der Mühle
20 g	Parmesan, gerieben
1 TL	Senf
1 EL	Petersilie, fein geschnitten

Weißkrautfleckerln

200 g	Weißkrautblätter
30 g	Butter
50 ml	Wasser
20 ml	Weißwein
	Salz
1 TL	Petersilie, fein gehackt

Weiteres

4	Speckscheiben zum Umwickeln
2 EL	Öl zum Anbraten
12	kleine Bratkartoffeln
100 ml	Kalbssauce zum Servieren
4	Thymianzweige zum Garnieren

Schweinsfilet: etwa 8 Minuten
Füllung: etwa 3 Minuten
Krautfleckerln: etwa 30 Minuten

Zubereitung

- Schweinsfilet von allen Sehnen befreien, 8 Medaillons schneiden und mit Salz und Pfeffer leicht würzen.

Füllung

- Butter erhitzen und Lauch darin dünsten.
- Champignons dazugeben und dünsten.
- Bauchspeck ebenfalls mitdünsten, mit Salz und Pfeffer würzen.
- Mit Parmesan, Senf und Petersilie verfeinern und bereitstellen.

Weißkrautfleckerln

- Weißkrautblätter in Fleckerln schneiden und in Butter dünsten. Mit Weißwein ablöschen, mit Wasser aufgießen und mit Salz und Petersilie abschmecken.

Fertigstellung

- 4 Medaillons mit etwas Füllung belegen und mit je einem Medaillon zudecken. Gut verschließen indem Sie die gefüllten Medaillons mit einer Speckscheibe umwickeln.
- In einer Pfanne etwas Öl erhitzen und die Filets langsam rundum braten.
- Nun die Weißkrautfleckerln auf Tellern anrichten, das Schweinsfilet auseinander schneiden und daraufsetzen. Mit Bratkartoffeln, Kalbssauce und Thymian servieren.

TIPPS

1. *Für die Garprobe sollten Sie das Fleischthermometer (60 Grad) verwenden.*
2. *Man serviert das Schweinsfilet auch mit Gartenkarotten, Spargelspitzen oder gefüllte Tomaten.*
3. *Kalbs- und Rindsfilet kann man genauso zubereiten, jedoch ändert sich die Garzeit.*

Pochiertes Ei auf Blumenkohlcreme mit Speck

FÜR 4 PERSONEN

Pochiertes Ei

- 1 l Wasser
- 3 EL Weißweinessig
- ½ Lorbeerblatt
- 2 Pfefferkörner, zerdrückt
- 4 Eier

Blumenkohlcreme

- 20 g Schalotten, fein geschnitten
- 1 TL Butter
- 300 g gekochter Blumenkohl
- 50 ml Sahne
- Salz
- Pfeffer aus der Mühle

Weiteres

- 40 g geröstete Speckwürfel
- 1 EL Schnittlauch, fein geschnitten
- 8 Speckscheiben
- 1 EL Olivenöl
- 4 Schnittlauchhalme zum Garnieren
- 4 getrocknete Speckscheiben

Ei: etwa 5 Minuten
Blumenkohl: etwa 7 Minuten

Pochiertes Ei

- Wasser mit Weißweinessig, Lorbeerblatt und Pfefferkörnern in einem kleinen Topf bis zum Siedepunkt erhitzen.
- Eier aufschlagen, ohne das Eigelb zu verletzen und einzeln in Schälchen geben. Ins Essigwasser gleiten lassen – falls die Eier am Pfannenboden haften bleiben, mit einem Spaten oder Löffel lösen.
- Eier etwa 5 Minuten gar ziehen lassen (das Eiweiß muss fest, das Eigelb jedoch weich sein).
- Ei mit einer flachen Schaumkelle herausheben und bereitstellen.

Blumenkohlcreme

- Schalotten in Butter dünsten, gekochten Blumenkohl und Sahne dazugeben und etwas einkochen lassen. Mit Salz und Pfeffer würzen und im Mixer fein pürieren.

Fertigstellung

- Die Blumenkohlcreme auf die Teller verteilen, pochierte Eier daraufgeben, mit gerösteten Speckwürfeln und fein geschnittenem Schnittlauch anrichten.
- Eier mit Speckscheiben, etwas Olivenöl und einem Schnittlauchhalm sowie einer getrockneten Speckscheibe garnieren und servieren.

TIPPS

1. *Auf Salz wird bei der Zubereitung völlig verzichtet, weil das Eiweiß auseinanderfallen würde.*
2. *Weitere Beilagen zum »Pochierten Ei« sind Spinat in Butter, gedünstete Gemüsestreifen, Kartoffelpüree und Kartoffelrösti.*

Polenta mit Bergkäse und Speck

FÜR 4 PERSONEN

Zutaten

250 ml	Wasser
250 ml	Milch
	Salz
2 EL	Öl
125 g	gelbe Polenta, mittelfein
2 EL	Butter

Weiteres

100 g	Bergkäse, grob geraspelt
2 EL	braune Butter
12	Speckscheiben
4	Rosmarinzweige

etwa 30 Minuten

Zubereitung

- Wasser und Milch in einem hohen Topf zum Kochen bringen, salzen und Öl hinzufügen.
- Die Polenta langsam mit einem Schneebesen einrühren, um die Knollenbildung zu vermeiden.
- Weiterrühren, bis die Polenta fest ist, dann mit einem Holzlöffel unter zeitweisem Umrühren langsam kochen lassen.
- Die Polenta soll sich vom Topfboden lösen.
- Zum Schluss die kalte Butter unterrühren.

Fertigstellung

- Die Polenta auf Tellern anrichten, mit Bergkäse bestreuen und mit brauner Butter übergießen.
- Die Speckscheiben auf die Polenta legen und mit Rosmarin garnieren und servieren.

TIPPS

1. *Fertige Polenta als Beilage zu Nocken formen oder in eine Kastenform füllen, erkalten lassen, in Scheiben schneiden und in Olivenöl braten.*
2. *Wer wenig Zeit hat, kann auch Instant-Polenta nehmen, die in wenigen Minuten zubereitet ist.*
3. *Die Polenta passt als Beilage zu Gulasch, Wildgerichten, Braten und Pfifferlingen.*
4. *Anstelle von Bergkäse verwenden Sie Gorgonzola.*

Garnelen im Speck gebraten auf Beluga-Linsen

ZUTATEN FÜR 4 PERSONEN

Zutaten

8	Garnelenschwänze
8	Speckscheiben, dünn geschnitten
	Pfeffer aus der Mühle

Beluga-Linsen

100 g	Beluga-Linsen
80 ml	Olivenöl
50 g	Zwiebeln, fein geschnitten
1	Knoblauch, fein gehackt
50 g	Stangensellerie, fein gewürfelt
1	Thymianzweig
100 ml	Fleischsuppe (siehe Seite 44) oder Wasser
	Salz
	Pfeffer aus der Mühle
2 EL	Balsamicoessig

Weiteres

	Olivenöl zum Braten
4	kleine dünne Speckscheiben zum Garnieren
	Friséesalatspitzen
	Dillspitzen
	eingekochter Balsamicoessig

Linsen: etwa 20 Minuten
Garnelen: etwa 6 Minuten

Zubereitung

- Garnelenschwänze von Panzer und Darm befreien, waschen, abtrocknen und mit Speckscheiben umwickeln.

Beluga-Linsen

- Beluga-Linsen etwa 1 Stunde in kaltem Wasser einweichen.
- Olivenöl erhitzen, Zwiebeln, Knoblauch und Sellerie darin dünsten. Linsen und Thymian dazugeben, mit Fleischsuppe oder Wasser aufgießen und kochen lassen. Mit Salz und Pfeffer würzen und mit etwas Balsamicoessig abschmecken.

Fertigstellung

- In einer Pfanne Olivenöl erhitzen, Garnelen pfeffern, auf beiden Seiten kurz und nicht zu heiß braten.
- Linsen auf einem Teller anrichten, Garnelen darauflegen, mit Speckscheiben, Friséesalat- und Dillspitzen sowie eingekochtem Balsamicoessig garnieren und servieren.

VARIATIONEN

Steinbuttfilet im Speck gebraten: Anstelle der Garnelen können Sie auch Steinbuttfilets verwenden.
Jakobsmuscheln im Speck gebraten: Anstelle der Garnelen können Sie auch Jakobsmuscheln verwenden.

TIPP

Statt Linsen können Sie auch Kartoffel- oder Spargelsalat servieren.

Kartoffelrösti mit Speck

FÜR 4 PERSONEN

Zutaten

400 g festkochende Kartoffeln
Salz
4 EL Öl zum Braten

Salatmarinade

30 ml Weißweinessig
50 ml Fleischsuppe (siehe Seite 44) oder Wasser
60 ml Olivenöl
Salz
Pfeffer aus der Mühle

Weiteres

50 g Rucolablätter
16 Speckscheiben
1 TL Krenspäne
2 EL Sauerrahm
Salz

etwa 7 Minuten

Zubereitung

- Kartoffeln schälen, mit der Reibe grob raspeln oder mit der Aufschnittmaschine in dünne Scheiben und dann in feine Streifen schneiden und mit Salz würzen.
- Öl in einer Pfanne heiß werden lassen, Kartoffeln dazugeben und andrücken.
- Die Hitze etwas reduzieren und die Kartoffeln mit einer Palette umdrehen und goldbraun rösten lassen.

Salatmarinade

- Weißweinessig und Fleischsuppe oder Wasser gut vermischen und Olivenöl einrühren. Mit Salz und Pfeffer würzen.

Fertigstellung

- Rucolablätter mit Salatmarinade anmachen und auf dem Kartoffelrösti anrichten.
- Rösti mit Speckscheiben und Krenspänen garnieren.
- Sauerrahm mit Salz abschmecken, den Teller rund um das Gericht damit dekorieren und servieren.

TIPPS

1. *Die Kartoffelrösti sollen immer in genügend Öl gebraten werden.*
2. *Sie können die Rösti auch portionsweise in einer kleinen Röstipfanne braten.*
3. *Geben Sie zur Abwechslung unter die Kartoffeln rohe Zucchini- oder Kürbisstreifen.*
4. *Die Kartoffelrösti passen als Beilage zu gegrillten oder kurz gebratenen Fleischgerichten oder zu Räucherfischen wie Lachs oder Forelle.*

Bauernomelette mit Speck

Für 1 Person

Zutaten

80 g	Champignons
1 EL	Butter
1 Spritzer	Zitronensaft
	Salz
	weißer Pfeffer aus der Mühle

Bauernomelette

3	Eier
2 EL	flüssige Sahne
	Salz
30 g	Speck, in Streifen geschnitten
20 g	Zwiebeln, in Ringe geschnitten
20 g	Butter
30 g	Berg- oder Fontinakäse, in Würfel geschnitten

Weiteres

2	Speckscheiben
4	Majoranblätter
4	Kerbelblätter

Champignons: etwa 4 Minuten
Bauernomelette: etwa 8 Minuten

Zubereitung

- Champignons putzen, vierteln und in einer Pfanne im Butter schwenken.
- Mit Zitronensaft beträufeln und mit Salz und Pfeffer würzen.

Bauernomelette

- Eier in einer Schüssel mit Sahne und Salz gut verrühren.
- In einer beschichteten Pfanne Speck und Zwiebeln in Butter dünsten.
- Die Eiermasse hineingießen, Käse dazugeben und langsam stocken lassen, dabei mit einem Kochlöffel zu einem ovalen Omelette formen

Fertigstellung

- Bauernomelette mit Speckscheiben, gedünsteten Champignons, Majoran und Kerbel garnieren und servieren.

TIPPS

1. *Anstelle der Champignons können Sie auch Pfifferlinge oder Steinpilze verwenden.*
2. *Servieren Sie Kraut- oder Blattsalate und Röstkartoffeln zum Bauernomelette.*
3. *Anstelle des Specks können Sie auch gekochten Schinken oder Salami verwenden.*

ca. 20 Minuten einfach

Blattsalate mit Speck

FÜR 4 PERSONEN

Zutaten

160 g	Blattsalate wie Maikönig, Vogelesalat, Eichblatt, Lollo rosso, Rucola, Frisée
1 EL	gedünstete Schalottenwürfel
2 EL	Weißweinessig
50 ml	Fleischsuppe (siehe Seite 44) oder Wasser
	Salz, Pfeffer aus der Mühle
4 EL	Walnussöl

Weiteres

50 g	geröstete Speckstreifen
12	Speckscheiben

Zubereitung

- Blattsalate putzen, waschen und den Salat mundgerecht zupfen.
- Schalotten in einer Schüssel mit Weißweinessig, Fleischsuppe oder Wasser, Salz und Pfeffer verrühren, Walnussöl einrühren und die Blattsalate damit marinieren.
- Den Salat auf einen Teller geben und mit Speckscheiben und gerösteten Speckstreifen servieren.

TIPPS

1. *Zum Würzen der Marinade eignen sich Dill und Kerbel.*
2. *Ergänzen Sie die Blattsalate mit gebackenen Kartoffel- oder Brotwürfeln.*

ca. 25 Minuten einfach

Speckkartoffeln

FÜR 4 PERSONEN

Zutaten

4	mittelgroße Kartoffeln
2 EL	Öl
	Salz, Pfeffer aus der Mühle
16	dünne Speckscheiben
1/2 TL	Rosmarin, fein gehackt
16	Rosmarinzweige

Zubereitung

- Kartoffeln schälen, tournieren (sechseckig zuschneiden) oder vierteln oder in schöne Spalten schneiden.
- Kartoffeln kurz in kochendes Salzwasser geben und aufkochen lassen.
- Öl in einer Pfanne erhitzen, die Kartoffeln dazugeben, salzen, pfeffern, mit Speck umwickeln und im Backrohr braten.
- Zum Schluss die gebratenen Kartoffeln mit Rosmarin würzen. Mit einem Rosmarinzweig garnieren und servieren.

TIPP

Die Kartoffeln können mit einem Holzspießchen zum Aperitif serviert werden.

etwa 180 Grad etwa 15 Minuten

ca. 30 Minuten · einfach

Speck-Bohnenbündel

FÜR 4 PERSONEN

Zutaten

400 g	grüne Bohnen
40 g	Butter
50 ml	Fleischsuppe (siehe Seite 44) oder Bohnenkochwasser
	Salz, Pfeffer aus der Mühle
1 TL	Bohnenkraut, fein geschnitten
12	Speckscheiben

Zubereitung

- Von den Bohnen die Enden abschneiden, wenn nötig die Fäden herausziehen, eventuell einmal durchschneiden, waschen und in kochendem Salzwasser kochen.
- Bohnen in ein Sieb schütten, sofort mit kaltem Wasser oder Eiswasser abkühlen und abtropfen lassen.
- Butter mit etwas Fleischsuppe oder Bohnenkochwasser in einer Pfanne erhitzen, bis die Butter und das Wasser emulgieren (sich verbinden), dann die Bohnen hinzufügen, durchschwenken, mit Salz, Pfeffer und Bohnenkraut würzen, bündeln und mit Speckscheiben umwickeln.
- Anschließend in eine feuerfeste Form setzen und im Backrohr erwärmen.

Bohnen: etwa 15 Minuten

etwa 160 Grad

etwa 8 Minuten

ca. 1 Stunde + Ruhezeit · einfach

Vollkorn-Speckbrot

FÜR 4 PERSONEN (2 BROTE)

Zutaten

80 g	Zwiebeln, fein geschnitten
50 g	Bauchspeckwürfel
20 ml	Olivenöl
350 ml	Milch (35 Grad warm)
25 g	Hefe
500 g	feines Vollkornmehl
30 g	Walnüsse, fein gehackt
1 EL	Fenchelsamen
10 g	Salz

Weiteres

4 EL	Schnittlauchtopfen
16	Speckscheiben, 4 Majoranspitzen

Zubereitung

- Zwiebeln und Speck in Olivenöl dünsten. Milch mit zerbröselter Hefe verrühren.
- Mehl in eine Schüssel geben, mit Hefe, Zwiebeln, Speck, Walnüssen, Fenchelsamen und Salz zu einem Teig kneten und zugedeckt 20 Minuten bei 35 Grad aufgehen lassen.
- Den Teig nochmals kneten, zu Stangen auf ein Backblech geben, mit einem Holzspieß einstechen, 20 Minuten aufgehen lassen.
- Dann im vorgeheizten Backrohr backen.
- Brotscheiben mit Schnittlauchtopfen bestreichen, mit Speckröllchen belegen und mit Majoran garnieren und servieren.

etwa 180 Grad

etwa 40 Minuten

Die Autoren bedanken sich bei folgenden Firmen

BRAUEREI FORST AG | Algund, Vinschgauer Straße 8 | Tel. 0473 26 01 11 | www.forst.it

HAUS IDEA | Meran, Kravoglstraße 29 | Tel. 0473 49 22 00 | www.hausidea.it

KÜPPERSBUSCH | Kurtatsch, Weinstraße 3 | Tel. 0471 88 01 73 | www.kueppersbusch.it

MILA · MILKON SÜDTIROL | Bozen, Innsbrucker Straße 43 | Tel. 0471 451 111 | www.mila.it

QUALITÄTSZEICHEN SÜDTIROL | www.suedtirolerspezialitaeten.com

BAR · KÜCHE · WÄSCHEREI | Tel. 0471 96 86 00 | www.niederbacher.it

PIRCHER BRENNEREI | Lana, Bozner Straße 17 | Tel. 0473 55 80 00 | www.pircher.it

RECLA GmbH | Schlanders, Vezzan 99 | Tel. 0473 73 73 00 | www.recla.it

A. RIEPER AG | Vintl, B.-v.-Guggenberg-Straße 6 | Tel. 0472 86 79 00 | www.rieper.com

HOTEL SCHÖNBLICK | Rodeneck, Gifen 143 a | Tel. 0472 45 41 41 | www.schoenblick.com

Kleines Küchenlexikon

Dieses kleine Glossar erklärt einige bekannte Fachbegriffe, die zum Kochen und Backen in der Küche gebraucht werden. In der Auflistung finden Sie Zubereitungsmethoden und handwerkliche Begriffe, die Ihnen in den Rezepten begegnen und über die Sie vielleicht noch einmal genau informiert werden möchten.

Canapès	kleine, herzhaft belegte Brötchen (Häppchen), die ansprechend dekoriert sind
Corzetti	scheibchenförmige Hartweizennudeln mit Holzstempel-Muster
Fagottini	kleine, säckchenförmige, gefüllte Teigtaschen
Feta	griechisch (Scheibe) – ist ein Schafskäse, der in Salzlake gereift wurde und einen recht intensiven Geschmack hat
g.g.A.	geschützte geografische Angabe für Südtiroler Markenspeck
g.U.	geschützte Ursprungsbezeichnung für den Stilfser Käse
Pökeln	suren, umröten
Selchen	räuchern
Gselchtes	geräuchertes Fleisch vom Schwein, Rind, Lamm, Wild usw.
Gröstel	geröstete Kartoffelscheiben mit Kalbfleisch oder gekochtem Rindfleisch
Kaminwurzen	kleine, geräucherte, luftgetrocknete Wurst, auch vom Wild
Schüttelbrot	hartes, knuspriges Fladenbrot aus Roggenmehl mit Fenchel- und Kümmelsamen
Taggiasca-Olive	beste handverlesene vollreife ligurische Olive

Ländertypische Bezeichnungen

Immer kommt es auch innerhalb der deutschsprachigen Länder zu Missverständnissen und Verwechslungen aufgrund von ländertypischen Bezeichnungen. Die Erklärung zu den undurchschaubaren Begriffen finden Sie in nachstehender Übersicht.

Südtirol/Österreich	Deutschland
Beize	Marinade
Eidotter	Eigelb
Eiklar	Eiweiß
Erdäpfel	Kartoffeln
Germ	Hefe
Knödel	Kloß, Klöße
Knödelbrot	Weißbrotwürfel
Kobis	Weißkraut/Weißkohl
Kren	Meerrettich

Südtirol/Österreich	Deutschland
Marende	Jause/Brotzeit
Melanzane	Auberginen
Millefolgie	Tausendblätter
Nocken	längliche Klößchen
Pecorino	Schafskäse
Rahm	Sahne
Rucola	Rauke
Topfen	Quark
Vinschger Paarl	Sauerteigbrot

Register

Stichwörter mit roten Seitenzahlen befinden sich im Rezeptteil. Stichwörter mit **schwarzen** Seitenzahlen befinden sich im Abschnitt »Wissenswertes«.